S

# Nuovi casi per
# la commissaria

10 crimini - quiz della commissaria Sara Corelli
e dell'agente Pippo Caraffa

Collana **Italiano Facile**
*3° livello*

## Alma Edizioni
Firenze

# Italiano Facile
## *Collana di racconti*

Direzione editoriale: Ciro Massimo Naddeo
Redazione: Carlo Guastalla
Progetto grafico copertina: Leonardo Cardini
Progetto grafico interno: Paolo Lippi
Illustrazioni: Cristiano Senzaconfini
Impaginazione: Maurizio Maurizi

Prima edizione: 2006
Ultima ristampa: giugno 2007

ISBN libro 978-88-89237-61-8

© **2006 ALMA EDIZIONI srl**
viale dei Cadorna, 44
50129 Firenze - Italia
tel +39 055 476644   fax +39 055 473531
info@almaedizioni.it – www.almaedizioni.it

*Questi testi sono stati provati nelle classi degli insegnanti d'italiano per stranieri*
*Margrit Dietschi di Soletta, di Vito G. Russo di Berna e dell'autore a Köniz (Berna).*

# Indice

# I protagonisti dei racconti

*Sara Corelli* è una commissaria di polizia sui 32 anni. Le piacciono i vestiti eleganti, ma molto spesso deve indossare la divisa della polizia. Legge sempre l'oroscopo e **colleziona**[1] medaglie con i **segni dello zodiaco**[2]. Quando parla con le persone usa la forma di cortesia del Lei. Ogni volta che Sara Corelli trova la soluzione di un caso, riceve un regalo "speciale" da Pippo Caraffa.

---

[1] **colleziona** (collezionare): raccogliere una grande quantità di oggetti dello stesso genere (quadri, francobolli, ecc.).
*Es: Io colleziono francobolli.*

[2] **segni dello zodiaco:** i segni dell'oroscopo. *Es: Ariete, toro, gemelli, ecc.*

*Note*

# I protagonisti dei racconti

***Pippo Caraffa*** ha 33 anni ed è nella polizia da più di dieci. Sogna di comprarsi una Ferrari, ma non l'ha fatto perché - come dice lui - "non ha ancora trovato il garage giusto". Quindi fa collezione di **modellini**[1] di macchine: Fiat, Alfa Romeo e naturalmente … Ferrari! Quando parla con la gente usa spesso la forma del tu. Ogni volta che Pippo Caraffa trova la soluzione di un caso, riceve un regalo "speciale" da Sara Corelli, a volte delle Ferrari … di plastica!

[1] **modellini** macchine di plastica per giocare o per fare la collezione.
*Es: Mio figlio gioca con i modellini delle macchine.*

# Intervista con la commissaria Sara Corelli

- Come si chiama? - *Mi chiamo Sara Corelli!*
- Che cosa fa nella vita? - *Sono commissaria di polizia.*
- Ha un hobby? - *Sì: cercare i ladri con Pippo e mangiare bene!*
- Quale ricetta di cucina preferisce? - *Gli spaghetti al **pesto**[1].*
- Perché usa la forma del Lei quando parla? - *Perché sono gentile.*
- Ma con Pippo Lei usa la forma del tu. - *Forse perché gli voglio bene come ad un... collega!*
- Che cosa voleva fare da grande? - *L'attrice!*
- Qual è la cosa più bella per Lei? - *Il lavoro e... la moda femminile!*

# Intervista con l'agente di polizia Pippo Caraffa

- Come ti chiami? - *Mi chiamo Pippo Caraffa!*
- Che cosa fai nella vita? - *Sono il numero due della Centrale di polizia, dopo la commissaria Corelli!*
- Hai un hobby? - *Sì: faccio collezione di modellini di macchine.*
- Che tipo di macchine? - *Ferrari naturalmente, ma anche Fiat e Alfa Romeo.*
- Quale ricetta di cucina preferisci? - *La pizza Margherita!*
- Perché usi la forma del tu quando parli con le persone? - *Non sempre, ma a Villanea, dove lavoriamo, conosco quasi tutti.*
- Ma con la commissaria usi sempre la forma del Lei. - *Perché ho rispetto di lei!*
- Che cosa volevi fare da grande? - *Il maestro d'**asilo**[2], ma ho studiato poco!*
- Qual è la cosa più bella per te? - *Fare le vacanze al mare!*

---

[1] **pesto**: salsa per la pasta a base di basilico, tipica di Genova.

[2] **asilo**: scuola per bambini molto piccoli, da 0 a 3 anni di età.

*Note*

# Glossario

**agente:** poliziotto, persona che lavora per la polizia. *Es: Pippo Caraffa è un agente di polizia.*

**arrestare:** fermare, bloccare un criminale e metterlo in prigione. *Es: La polizia ha arrestato un pericoloso criminale.*

**assassino:** chi uccide qualcuno. *Es: L'assassino ha ucciso due donne.*

**bandito:** criminale. *Es: La polizia ha arrestato il bandito.*

**cadavere:** corpo di un morto. *Es: La polizia ha trovato il cadavere di un uomo sulla spiaggia.*

**caso:** situazione problematica, problema da risolvere, enigma. *Es: Questo è un caso difficile, l'assassino non ha lasciato tracce.*

**Centrale:** ufficio di polizia. *Es: I poliziotti hanno portato il ladro in*
(di polizia) *Centrale.*

**interrogare:** fare domande, intervistare. *Es: La polizia ha interrogato cinque persone per l'omicidio della donna.*

**omicidio:** l'atto di uccidere qualcuno. *Es: L'omicidio della donna è avvenuto alle 22.30.*

**prigione:** luogo dove vengono rinchiusi i criminali. *Es: Alcatraz è una famosa prigione.*

**rubare:** prendere qualcosa da qualcuno senza autorizzazione. *Es: I ladri hanno rubato 1 milione di euro dalla banca.*

**sospetto:** persona che forse ha commesso un crimine. *Es: Pippo Caraffa ha arrestato un sospetto, il signor Rosi.*

**sparare:**

**sussurrare:** parlare piano piano. *Es: Sara ha sussurrato a Pippo la soluzione del caso.*

# 1. Un cadavere per regalo

**Personaggi**

*Sara Corelli & Pippo Caraffa*
*Vito Russo - agente di polizia*
*Rino Tristano - presidente del* **Milan**[1] *Fan Club di Villanea*
*Sandro Masoni - segretario di Rino Tristano*

**1.** Pippo Caraffa e Sara Corelli stanno per entrare nella pizzeria "Tricolore" di Villanea. Pippo risponde al cellulare.

| | |
|---|---|
| *Pippo Caraffa* | Pronto, chi parla? |
| *Vito Russo* | Cerco la commissaria Sara Corelli. |
| *Pippo Caraffa* | Sta qui con me in pizzeria. Che cosa è successo? |
| *Vito Russo* | Sono l'agente Vito Russo. |
| *Pippo Caraffa* | Ah, ciao Vito, come stai? |
| *Vito Russo* | Bene, grazie, Pippo! Abbiamo un bel regalo per voi due! |
| *Pippo Caraffa* | Un regalo? Magnifico, di cosa si tratta? |
| *Vito Russo* | Si tratta di un ... cadavere, Pippo! |
| *Pippo Caraffa* | Di un cadavere? Grazie, Vito, sei veramente gentile! |
| *Vito Russo* | Prego … non c'è di che. |
| *Pippo Caraffa* | E dove possiamo trovare questo… bel regalo? |

---

[1] **Milan:** squadra di calcio della città di Milano. *Es: Il Milan ha vinto la partita con la Juventus per 2 a 0.*

Note

| | |
|---|---|
| *Vito Russo* | Sta arrivando alla Centrale di polizia! |
| *Pippo Caraffa* | Sta arrivando? È un cadavere che cammina? |
| *Vito Russo* | No, ma lo stanno portando alla Centrale. |
| *Pippo Caraffa* | Dobbiamo venire subito? |
| *Vito Russo* | Tra mezz'ora, va bene? |
| *Pippo Caraffa* | Così presto? I cadaveri **mica**[1] scappano… |
| *Vito Russo* | Sì, ma se li facciamo aspettare, fanno scappare noi, Pippo! |

**2.** Sara e Pippo arrivano alla Centrale. Nella giacca del cadavere ci sono una carta d'identità e un'agenda. Sulla data di ieri è annotato un appuntamento a cena alle ore 20.00 al ristorante "La Gondola" con Rino Tristano e Sandro Masoni.

| | |
|---|---|
| *Pippo Caraffa* | È il cadavere di Dario Fantini. I medici dicono che è morto ieri sera alle 22.00. |
| *Sara Corelli* | È stato ucciso con tre **coltellate**[2] al **fianco**[3] sinistro. |
| *Pippo Caraffa* | L'assassino è arrivato da dietro! |

**3.** Sara e Pippo interrogano i due sospetti, Rino Tristano e Sandro Masoni.

| | |
|---|---|
| *Sara Corelli* | Con chi avete cenato ieri sera? |
| *Rino Tristano* | Ieri sera? Con Leonardo Perrone. |

---

[1] **mica:** non, per niente. *Es: Ho capito, mica sono stupido!*

[2] **coltellate:** colpi di coltello. *Es: L'assassino l'ha ucciso con 10 coltellate.*

[3] **fianco:**

| | |
|---|---|
| *Sara Corelli* | Conoscete bene il signor Perrone? |
| *Rino Tristano* | Io sono il presidente del *Milan Fan Club* di Villanea ed ho molti amici. |
| *Sara Corelli* | E Lei, signor Masoni, che funzione ha in questo club? |
| *Sandro Masoni* | Io sono il **braccio destro**[1] di Rino. |
| *Rino Tristano* | No, Sandro, tu sei il mio braccio sinistro! |
| *Sandro Masoni* | Scusate, io dimentico sempre che il mio presidente è **mancino**[2]! |
| *Pippo Caraffa* | Vi piace scherzare … chi c'era ancora con voi? |
| *Rino Tristano* | C'era l'avvocato Dario Fantini, abbiamo cenato… |
| *Pippo Caraffa* | …a spese dell'associazione del Milan Club! |
| *Rino Tristano* | No, questa volta ha pagato l'avvocato Fantini. |
| *Pippo Caraffa* | E cosa vi ha detto di particolare? |
| *Sandro Masoni* | L'avvocato ha detto che il 2 aprile voleva andare dal **notaio**[3]. |
| *Pippo Caraffa* | Dal notaio? Per fare che cosa? |
| *Sandro Masoni* | Per fare il **testamento**[4]! |
| *Sara Corelli* | Ma l'avvocato Fantini non arriverà mai dal notaio. |
| *Pippo Caraffa* | Si è fermato alla prima pompa di benzina! |

---

[1] **braccio destro:** aiutante, assistente. *Es: Il direttore di quell'ufficio non fa niente, fa tutto il suo braccio destro.*

[2] **mancino:** chi usa la mano sinistra meglio della destra. *Es: Aldo è mancino, scrive con la sinistra.*

[3] **notaio:** pubblico ufficiale che convalida, notifica i documenti (contratti, testamenti, ecc.). *Es: Sono andato dal notaio a firmare il contratto per la casa.*

[4] **testamento:** documento in cui una persona dichiara a chi lascerà le sue proprietà dopo la morte. *Es: Ho scritto il mio testamento: lascio tutto ai miei figli.*

*Note*

| | |
|---|---|
| *Sandro Masoni* | Voleva fare benzina? |
| *Pippo Caraffa* | L'avvocato andava a piedi, non a benzina, e tu lo sai! |
| *Rino Tristano* | Allora … allora l'avvocato Fantini è morto! |
| *Pippo Caraffa* | Sì, con tre coltellate a un fianco. |
| *Sara Corelli* | L'assassino gli è arrivato da dietro! |
| *Rino Tristano* | Oh, poverino, sono molto triste! |
| *Pippo Caraffa* | Ormai non c'è più niente da fare. |
| *Rino Tristano* | C'è molta gente cattiva a Villanea! |
| *Sara Corelli* | A che ora avete salutato l'avvocato ieri sera? |
| *Rino Tristano* | Verso le dieci. |
| *Pippo Caraffa* | Signori, uno di voi due è sospettato di omicidio! |
| *Rino Tristano* | Uno di noi due? Non mi sembra possibile! |
| *Pippo Caraffa* | E invece alla Centrale lo dobbiamo chiarire! |

**4.** Pippo Caraffa sussurra una frase all'orecchio di Sara Corelli.

| | |
|---|---|
| *Sara Corelli* | Oh, bravissimo Pippo, è vero! Come premio ecco il mio regalo per te! |
| *Pippo Caraffa* | Che cosa mi regala, commissaria? |
| *Sara Corelli* | Un biglietto della lotteria. Diventerai milionario, Pippo! |
| *Pippo Caraffa* | Io milionario? Eccellente, commissaria, grazie mille! |

**Qual è il sospetto di Pippo Caraffa?**

# Vuoi un aiuto per trovare la soluzione?

*a. Collega le domande alle risposte giuste.*

1. Come è stato ucciso
   Dario Fantini?

2. Dove è stato colpito
   Dario Fantini?

3. Da quale parte è arrivato
   l'assassino?

4. Ha usato la destra o la
   sinistra?

a. Da dietro.

b. Con tre coltellate.

c. La mano sinistra.

d. Al fianco sinistro.

*b. L'assassino è arrivato da dietro e ha colpito Dario Fantini al fianco sinistro. Dunque l'assassino ha usato la mano sinistra. Questo significa che l'assassino è un*

_____.

*L'assassino si chiama* _____.

## 2. Azzurro

**Personaggi**
*Sara Corelli & Pippo Caraffa*
*Arianna Pollini - la fidanzata di Diego Nobile*
*Riccardo Pilato - un amico di Arianna*

**1.** Pippo e Sara sono nel bagno di Diego Nobile. Nella **vasca**[1] c'è il cadavere dell'uomo.

| | |
|---|---|
| *Sara Corelli* | Ha ancora la **barba**[2] lunga di due giorni… |
| *Pippo Caraffa* | Diego usava profumi molto cari! |
| *Arianna Pollini* | Pippo, i profumi sono miei, non di Diego! |
| *Riccardo Pilato* | Diego usava poco anche il sapone! |
| *Arianna Pollini* | Come te, Pippo! |
| *Riccardo Pilato* | Il poverino è morto mentre si lavava! |
| *Arianna Pollini* | Sì, mentre si faceva il bagno… e cantava! |
| *Pippo Caraffa* | Cosa cantava quando è morto? |
| *Arianna Pollini* | La canzone *Azzurro* di Adriano Celentano. E mentre si faceva il bagno e cantava, si faceva la barba con il **rasoio elettrico**[3]. Diego aveva sempre questa abitudine. |
| *Sara Corelli* | E poi cosa è successo? |

---

[1] **vasca:**

[2] **barba:**

[3] **rasoio elettrico:**

*Note*

| | |
|---|---|
| *Riccardo Pilato* | Quando la canzone è finita abbiamo sentito un'esplosione! |
| *Pippo Caraffa* | Qualcuno aveva sparato? |
| *Arianna Pollini* | No, era andata via la luce! |
| *Sara Corelli* | Forse è stato un **corto circuito**[1]. |
| *Riccardo Pilato* | Sì, e siamo rimasti tutti al buio! |
| *Pippo Caraffa* | Ho capito. Il corto circuito ha ucciso Diego... |
| *Arianna Pollini* | Sì. Peccato, perché ora sarebbe qui con noi. |
| *Riccardo Pilato* | Sarebbe qui a farci ridere! |
| *Sara Corelli* | Signori, fra poco rideremo tutti, ma alla Centrale! |
| *Riccardo Pilato* | Perché alla Centrale? |

**2.** Sara Corelli sussurra una frase all'orecchio di Pippo Caraffa.

| | |
|---|---|
| *Pippo Caraffa* | Oh, bravissima commissaria, è vero! Come premio ecco il mio regalo per Lei: un bel cappellino azzurro per ripararsi dal sole! |
| *Sara Corelli* | È un regalo molto utile. Eccellente, Pippo, grazie mille! |

**Che cosa ha scoperto Sara Corelli?**

---

[1] **corto circuito:** black out.

**Note**

# Vuoi un aiuto per trovare la soluzione?

*a. Collega le frasi.*

| | |
|---|---|
| 1. Riccardo Pilato dice che | a. il corto circuito ha ucciso Diego. |
| 2. Arianna Pollini dice che | b. Diego si stava facendo la barba dentro la vasca da bagno. |
| 3. Pippo dice che | c. con la barba lunga di due giorni. |
| 4. Sara e Pippo trovano Diego | d. il poverino è morto mentre si lavava. |

*b. C'è qualcosa di strano: se prima di morire Diego ha usato il _____, poteva avere ancora la _____ lunga di due _____ quando è morto? _____.*

# 3. L'eredità

## Personaggi

*Sara Corelli & Pippo Caraffa*
*Rocco Toldi - giardiniere nella villa "Il tulipano"*
*Cinzia Baldini - cameriera del barone Tassi*
*Daniele Visconti - il nipote del barone Tassi*

**1.** Sara Corelli e Pippo Caraffa sono nella stanza da letto della villa "Il tulipano". Sul letto, c'è il cadavere del barone Carlo Tassi. In terra accanto al corpo c'è una tazza. Sul tavolo c'è una tazza più piccola.

| | |
|---|---|
| *Daniele Visconti* | Sono molto triste, povero zio! |
| *Pippo Caraffa* | Quanti anni aveva il barone? |
| *Daniele Visconti* | 79, ma a me sembrava molto più giovane. |
| *Pippo Caraffa* | Molto più giovane di chi? |
| *Rocco Toldi* | Di te, Pippo! |
| *Sara Corelli* | Signor Visconti, cosa riceverà Lei ora in **eredità**[1]? |
| *Daniele Visconti* | Non lo so, forse niente. |
| *Pippo Caraffa* | Proprio niente? |
| *Daniele Visconti* | Forse questa villa, ma non è importante. |
| *Pippo Caraffa* | Non è importante ricevere una villa in eredità? |
| *Sara Corelli* | Che abitudini aveva il barone? |

---

[1] **eredità:** i beni che si ricevono da una persona morta. *Es: Quando mio nonno è morto ho ricevuto una casa in eredità.*

*Note*

| | |
|---|---|
| *Rocco Toldi* | La mattina leggeva i giornali, beveva il tè o il caffè… e poi andava in ufficio! |
| *Sara Corelli* | Signora Baldini, a che ora ha visto Lei il barone l'ultima volta? |
| *Cinzia Baldini* | Stamattina alle otto, mentre dormiva. |
| *Sara Corelli* | E lo ha svegliato? |
| *Cinzia Baldini* | Sì, come tutte le mattine, gli ho portato i giornali. |
| *Sara Corelli* | Il barone ha detto qualcosa? |
| *Cinzia Baldini* | No, ma sembrava di buon umore. |
| *Rocco Toldi* | Alle ore 8.30 io ho portato al barone una tazza di tè…. |
| *Daniele Visconti* | …e io, alla stessa ora, gli ho portato una tazza di caffè espresso, ma lui sembrava addormentato. |
| *Rocco Toldi* | Quando abbiamo capito che il barone era morto vi abbiamo telefonato subito! |
| *Sara Corelli* | Signori, non dovevate telefonare alla polizia! |
| *Pippo Caraffa* | Dovevate scappare! |
| *Sara Corelli* | Uno di voi **ha avvelenato**[1] il barone … e dirà la verità alla Centrale! |

**2.** Sara Corelli sussurra una frase all'orecchio di Pippo Caraffa.

---

[1] **ha avvelenato** (avvelenare): dare del veleno a qualcuno. *Es: Il ladro ha avvelenato il cane ed è entrato in casa.*

*Note*

| | |
|---|---|
| *Pippo Caraffa* | Oh, bravissima commissaria, è vero! Come premio ecco il mio regalo per Lei: mezzo chilo di caffè espresso da portare in ufficio domani! |
| *Sara Corelli* | Eccellente, Pippo, grazie mille! |

**Chi dei tre ha avvelenato il barone?**

## Vuoi un aiuto per trovare la soluzione?

*a. Collega le frasi.*

| | |
|---|---|
| 1. Vicino al cadavere del barone c'è | a. tazza di tè al barone. |
| 2. Sul tavolo c'è | b. una tazza grande. |
| 3. Rocco Toldi ha portato una | c. una tazza piccola. |
| 4. Daniele Visconti ha portato una | d. tazza di caffè espresso. |

*b. La tazza per il caffè espresso è più _____ della tazza da tè. Vicino al cadavere del barone c'è una tazza _____ . Dunque prima di morire il barone ha bevuto una tazza di _____ . L'assassino è _____ .*

*Note*

# 4. Il fuggitivo

## Personaggi

*Sara Corelli & Pippo Caraffa*
*Luigi Strappi - un pescatore*
*Rico Masti - un altro pescatore*

**1.** Dario Pelli, il più pericoloso bandito di Villanea, è scappato dalla prigione. La prigione è vicino al fiume Mercurio, dove Sara e Pippo incontrano due **pescatori**[1].

| | |
|---|---|
| *Luigi Strappi* | Buongiorno, Pippo, sei qui al fiume per imparare a pescare? |
| *Pippo Caraffa* | Ciao, Luigi, hai visto per caso passare Dario Pelli? |
| *Luigi Strappi* | Dario Pelli? Ho letto sul giornale che è in prigione! |
| *Pippo Caraffa* | No, è appena scappato dalla prigione e ora dovrebbe essere qui vicino. |
| *Luigi Strappi* | Qui vicino? Mamma mia, ora scappo anch'io! |
| *Pippo Caraffa* | Dove vuoi andare, hai paura? |
| *Luigi Strappi* | Voglio andare subito a casa, Pelli è pericoloso! |
| *Pippo Caraffa* | Non lo hai proprio visto? |

---

[1] **pescatori:**

| | |
|---|---|
| *Luigi Strappi* | Con questa **nebbia**[1] non si vede niente a più di tre metri! |
| *Pippo Caraffa* | Ma hai visto passare me! |
| *Luigi Strappi* | Sì, ma tu sei a non più di tre metri di distanza… |

**2.** Sara Corelli parla con il pescatore Rico Masti.

| | |
|---|---|
| *Rico Masti* | Buongiorno, commissaria, anche Lei vuole pescare un bandito? |
| *Sara Corelli* | Non scherziamo, signor Masti. Dario Pelli è scappato dalla prigione e probabilmente è qui vicino. |
| *Rico Masti* | Dario Pelli si trova in questa zona? |
| *Sara Corelli* | Sì. Lei ha paura? |
| *Rico Masti* | Mamma mia, io torno subito a casa! |
| *Sara Corelli* | Non vuole più pescare? |
| *Rico Masti* | Dario Pelli è un bandito molto pericoloso! |
| *Pippo Caraffa* | Nessuno di voi due lo ha visto passare di qui? |
| *Sara Corelli* | È un uomo alto un metro e ottanta, ha capelli neri, baffi… |
| *Rico Masti* | Allora è lo stesso che un'ora fa correva verso nord su una Vespa! |
| *Luigi Strappi* | Io l'ho visto mentre correva verso sud! |
| *Sara Corelli* | Signori: quell'uomo, correva verso nord o verso sud? |

---

[1] **nebbia**: fenomeno dell'aria che diminuisce la visibilità. *Es: C'è molta nebbia, non prendere la macchina, è pericoloso!*

**Note**

| | |
|---|---|
| *Rico Masti* | Correva a novanta chilometri all'ora… |
| *Sara Corelli* | Su questa strada? |
| *Rico Masti* | Sì, e dopo cinque minuti di corsa, ha girato verso nord! |
| *Pippo Caraffa* | Non sai dirmi verso quale città? |
| *Rico Masti* | Io non sono bravo in geografia, Pippo! |
| *Pippo Caraffa* | Commissaria, questi signori per me sono due bugiardi. |
| *Sara Corelli* | Il bugiardo è uno solo, Pippo. |

**3.** Sara Corelli sussurra una frase all'orecchio di Pippo Caraffa.

| | |
|---|---|
| *Pippo Caraffa* | Oh, bravissima commissaria, è vero! Come premio ecco il mio regalo per Lei: 6 belle bottiglie di Prosecco, ma … tutte per il nostro ufficio, commissaria! |
| *Sara Corelli* | Grazie mille, Pippo. Io però non bevo vino! |
| *Pippo Caraffa* | Peccato. Allora dovrò berle tutte io, anche per Lei! |

## Che cosa ha scoperto Sara Corelli?

# Vuoi un aiuto per trovare la soluzione?

*a. Collega le domande alle risposte.*

1. Fino a quanti metri di distanza si può vedere una persona con questa nebbia?

2. Dove è andato il bandito secondo Luigi Strappi?

3. Rico Masti dice che il bandito andava a 90 all'ora su una Vespa e che dopo cinque minuti di corsa ha girato verso nord. Può vedere il bandito mentre gira?

4. Chi tra i due pescatori dice più bugie, Luigi o Rico?

a. Rico Masti

b. Fino a tre metri, non di più.

c. Verso sud.

d. No, perché c'è molta nebbia e a quella distanza non può vedere in quale direzione gira il bandito.

*b. C'è qualcosa di strano. Dopo cinque minuti di corsa, il bandito sulla Vespa ha girato verso nord. La Vespa corre a 90 km all'ora, dunque dopo cinque minuti ha percorso _____ km. Se si può vedere solo fino a tre metri di distanza, è possibile vedere la Vespa che corre verso _____? _____ .*

Note

# 5. Stanza numero 201

## Personaggi
*Sara Corelli & Pippo Caraffa*
*Siro Meneghini - un uomo*
*Gianni Noldi - un uomo*

**1.** I camerieri bussano nella camera numero 201 dell'hotel "Italia" di Villanea.

| | |
|---|---|
| *Siro Meneghini* | Chi è? |
| *Pippo Caraffa* | Servizio in camera! |
| *Gianni Noldi* | *(sottovoce)* Ma chi può essere? |
| *Siro Meneghini* | Noi non abbiamo ordinato niente! |
| *Sara Corelli* | Aprite, omaggio della direzione: oggi il nostro albergo **compie**[1] cinquant'anni. |
| *Pippo Caraffa* | Cinquant'anni di buon servizio! |
| *Sara Corelli* | Vi offriamo gratis i migliori biscotti di Villanea! |
| *Pippo Caraffa* | Vi portiamo a letto la marmellata, il caffè, il cappuccino… |
| *Sara Corelli* | Tutto gratis per voi! |
| *Gianni Noldi* | Siete i camerieri? Aspettate un momento che apro! |

**2.** Gianni Noldi apre la porta della camera numero 201. Sara e Pippo entrano con le pistole in mano.

---

[1] **compie** (compiere): fare, finire, concludere. *Es: Domani è il compleanno di Paolo, compie 18 anni.*

**Note**

| | |
|---|---|
| *Sara Corelli* | Mani in alto! |
| *Siro Meneghini* | Vi piace scherzare? |
| *Gianni Noldi* | Dove sono i biscotti che ci avete promesso gratis? |
| *Sara Corelli* | Al bar della Centrale! |
| *Gianni Noldi* | Che cosa vuol dire tutto questo? |
| *Sara Corelli* | Che vogliamo arrestare l'assassino… che è uno di voi due! |
| *Siro Meneghini* | Quale assassino? |
| *Sara Corelli* | Lei, Gianni Noldi, ha sparato nella **gioielleria**[1] di via Rio numero 37. |
| *Pippo Caraffa* | E hai ucciso il proprietario Rino Nuzzi! |
| *Gianni Noldi* | Non è vero! |
| *Pippo Caraffa* | Se non è vero, sei stato allora tu a sparare, Siro. |
| *Siro Meneghini* | Né io, né Gianni! Noi non sappiamo niente. |
| *Gianni Noldi* | Ma cosa è successo esattamente? |

**3.** Il cadavere di Rino Nuzzi è stato trovato dentro la sua gioielleria in via Rio numero 37, di fronte alla porta. Il gioielliere è morto mentre stava per uscire.

| | |
|---|---|
| *Sara Corelli* | Ieri sera, prima della chiusura del negozio… |
| *Pippo Caraffa* | …voi due avete aspettato al buio… |
| *Sara Corelli* | …Lei, Siro, era davanti al numero 38 di via Rio. |

---

[1] **gioielleria:** negozio che vende gioielli, oro e cose preziose. *Es: Ho comprato un anello per mia moglie in gioielleria.*

Note

| | |
|---|---|
| *Siro Meneghini* | Sì, è vero. Aspettavo mia moglie col mio bambino! |
| *Pippo Caraffa* | Ma sei già padre? |
| *Siro Meneghini* | Sono padre di un bambino… un bravo padre di famiglia! |
| *Sara Corelli* | Lei, Gianni Noldi, era al numero 35 della stessa via! |
| *Gianni Noldi* | Aspettavo la mia ragazza, si chiama Giuseppina Orsi. |
| *Sara Corelli* | Poi uno di voi ha sparato mentre Nuzzi stava aprendo la porta del negozio per uscire! |
| *Pippo Caraffa* | Siete andati verso la cassa, avete preso i soldi e siete scappati! |
| *Siro Meneghini* | Non è vero niente! Noi siamo dei semplici turisti. |
| *Gianni Noldi* | Ci piace Villanea ed ogni anno la veniamo a visitare. |
| *Siro Meneghini* | (*ironico*) Sì, Villanea ci piace tanto perché ci abitate voi! |

**4.** Sara e Pippo controllano la lista dei clienti dell'hotel "Italia". Scoprono che Siro Meneghini e Gianni Noldi, il 15 settembre d'ogni anno, hanno regolarmente dormito nella stanza numero 201. Vuol dire che hanno detto la verità. Ma…

*Note*

*Sara Corelli*    Pippo! Tra Siro Meneghini e Gianni Noldi, io so chi è l'assassino!

**5.** Sara Corelli sussurra una frase all'orecchio di Pippo Caraffa.

*Pippo Caraffa*    Oh, bravissima commissaria, Lei ha trovato subito la soluzione! Come premio ecco il mio regalo per Lei: un prodotto **dietetico**[1] per una linea perfetta!

*Sara Corelli*    *(Ma... sono così grassa?)* Eccellente, Pippo, è proprio quello che mi serve! Grazie mille.

**Chi ha ucciso il gioielliere, Gianni Noldi o Siro Meneghini?**

## Vuoi un aiuto per trovare la soluzione?

*a. Guarda il disegno a pagina 25. Il cadavere è nella gioielleria di via Rio, numero 37, di fronte alla porta. Da dove si può sparare per uccidere Rino Nuzzi?*
*Dal numero* _____.

*b. Chi è l'assassino?* _____.

---

[1] **dietetico:** che non fa ingrassare, che fa restare magri. *Es: Se non vuoi ingrassare, devi mangiare qualcosa di più dietetico della cioccolata!*

# 6. Vacanze in Sudamerica

**Personaggi**
*Sara Corelli & Pippo Caraffa*
*Franco Tolomeo - cliente del ristorante "La gondola"*
*Tommaso Rioni - cliente del ristorante "La gondola"*
*Carlo - cameriere del ristorante "La gondola"*

## I PARTE

Tino Cafulli, uno degli uomini più ricchi di Villanea, è stato ucciso. Qualcuno ha telefonato alla polizia e ha detto che i due assassini sono al ristorante "La gondola". I loro nomi sono Franco Tolomeo e Tommaso Rioni. Sara Corelli e Pippo Caraffa vanno al ristorante a cercare i due uomini.

| | |
|---|---|
| *Sara Corelli* | (*entrando nel ristorante*) Sento **puzza**[1] di peperoni bruciati, Pippo! |
| *Pippo Caraffa* | Allora Lei non è mai stata a casa mia, commissaria! Per me questo è un odore molto… familiare. |
| *Sara Corelli* | A te piace mangiare i peperoni bruciati, Pippo? |
| *Pippo Caraffa* | Non sono bruciati … sono arrostiti. |

[1] **puzza:** cattivo odore, il contrario di "profumo". *Es: Apri la finestra, in questa stanza c'è una puzza terribile!*

*Note*

| | |
|---|---|
| *Carlo* | Buonasera e complimenti signori! Siete i clienti numero 99 e 100 di questa sera! |
| *Pippo Caraffa* | Che cosa vuol dire? |
| *Carlo* | Vuol dire che avete vinto un premio! |
| *Pippo Caraffa* | Che premio abbiamo vinto? |
| *Carlo* | La specialità dell'estate! |
| *Pippo Caraffa* | Come si chiama questa specialità? |
| *Carlo* | Peperoni alla griglia "La gondola"! |
| *Sara Corelli* | *(Oh, no … sono bruciati!)* |
| *Pippo Caraffa* | Ci regalate due piatti di questi peperoni? |
| *Carlo* | Sì Pippo, è il nostro premio. |
| *Sara Corelli* | Siete molto gentili, ma dobbiamo continuare il nostro lavoro. |
| *Pippo Caraffa* | Purtroppo dobbiamo andare! |
| *Carlo* | Se andate via, non sarete più gli ospiti numero 99 e 100. E allora niente premio per voi! |
| *Sara Corelli* | *(sottovoce)* **Meno male**[1]! |
| *Pippo Caraffa* | Peccato! |
| *Sara Corelli* | Vieni, Pippo, saliamo al primo piano. |

## II PARTE

**1.** Sara e Pippo salgono al primo piano del ristorante "La gondola" che è riservato ai clienti più importanti. Sara e Pippo entrano nella sala VIP.

---

[1] **Meno male:** per fortuna, meglio così. *Es: "Oggi piove, ma domani sarà bel tempo." "Meno male!"*

*Note*

| | |
|---|---|
| *Sara Corelli* | Buonasera, signori! |
| *Tommaso Rioni* | Buonasera! Non avete voluto mangiare i peperoni gratis? |
| *Pippo Caraffa* | No, perché stavamo cercando voi. |
| *Tommaso Rioni* | Allora vi dico una cosa: non è vero che siete gli ospiti numero 99 e 100! Siete gli ospiti numero 7 e numero 8! Forse i camerieri vi avevano preparato i peperoni con il veleno! |
| *Pippo Caraffa* | Allora grazie, ci avete … salvato la vita! |
| *Sara Corelli* | Che fortuna vedervi qui, signori. Cercavamo proprio voi! |
| *Tommaso Rioni* | Perché, volete essere invitati? |
| *Pippo Caraffa* | No, siamo noi che invitiamo voi! |
| *Franco Tolomeo* | Oh, ma siete molto gentili! Accettiamo volentieri il vostro invito! Come antipasto noi prendiamo vitello tonnato e una bottiglia di Barolo! |
| *Pippo Caraffa* | Prima dobbiamo parlare un po', Franco, poi vediamo se possiamo ordinare il Barolo, il vino più caro della lista, o se dovremo andare in Centrale a bere del vino più economico! |
| *Franco Tolomeo* | State cercando qualcuno? |
| *Sara Corelli* | Cerchiamo gli assassini di Tino Cafulli. |
| *Franco Tolomeo* | E li volete trovare in questo ristorante? |
| *Pippo Caraffa* | Anche gli assassini cenano tra i VIP, come voi! |

| | |
|---|---|
| *Sara Corelli* | Lei è molto **abbronzato**[1], signor Rioni, dov'è stato in vacanza? |
| *Tommaso Rioni* | Io non vado mai in vacanza, io lavoro sempre! |
| *Pippo Caraffa* | Oh, che brav'uomo! |
| *Sara Corelli* | Anche Lei, signor Tolomeo, è molto abbronzato. Ha lavorato anche Lei in questo mese di luglio? |
| *Franco Tolomeo* | No, io sono stato in vacanza a Valparaíso, in Cile. |
| *Sara Corelli* | E quanto tempo è rimasto in Cile? |
| *Franco Tolomeo* | Tre settimane! Ho fatto il bagno, tutti i giorni, nel Pacifico. |
| *Pippo Caraffa* | Bello… anche a me piacerebbe fare il bagno nel Pacifico! |
| *Sara Corelli* | Pippo! Tra Tolomeo e Rioni, io so chi è il **bugiardo**[2]! |

**2.** Sara Corelli sussurra una frase all'orecchio di Pippo Caraffa.

| | |
|---|---|
| *Pippo Caraffa* | Oh, bravissima commissaria, Lei ha trovato subito la soluzione! Come premio ecco il mio regalo per Lei. |
| *Sara Corelli* | Che cosa mi regali questa volta, Pippo? |
| *Pippo Caraffa* | Tre giorni di vacanza al mare. |
| *Sara Corelli* | Eccellente, Pippo, grazie mille. |

---

[1] **abbronzato:** scuro per il sole. *Es: Ho preso molto sole, per questo sono così abbronzato.*

[2] **bugiardo:** chi non dice la verità. *Es: Non devi credere a quello che dice Paolo, è un bugiardo.*

**Note**

**Chi è il bugiardo secondo Sara Corelli?**

## Vuoi un aiuto per trovare la soluzione?

*a. Rispondi alle domande.*

1. Qual è la specialità del ristorante "La gondola"?
2. In che stagione il ristorante prepara i peperoni?
3. Dov'è stato in vacanza Franco Tolomeo?
4. Se in Italia è estate, che stagione è in Cile?
5. Tolomeo dice che ha fatto tutti i giorni il bagno nel Pacifico. È possibile?

a. A Valparaíso, in Cile.
b. Inverno.
c. I peperoni alla griglia.
d. No, perché in Cile era inverno.
e. In estate.

*b. In che stagione siamo in Italia? _____.*
*In che stagione siamo in Cile? _____.*
*Franco Tolomeo non ha fatto il _____ a Valparaíso*
*perché non è stato in _____.*

# 7. I contrabbandieri

## Personaggi
*Sara Corelli & Pippo Caraffa*
*Remo Siepi - un **contrabbandiere**[1] di sigarette*
*Gino Pausini - un altro contrabbandiere di sigarette*

**1.** Sara e Pippo vanno a casa dei due contrabbandieri Remo Siepi e Gino Pausini per chiedere informazioni su un camion, pieno di sigarette di contrabbando, trovato dalla polizia a Milano. Per caso incontrano i due per strada con le valigie in mano.

| | |
|---|---|
| *Pippo Caraffa* | Buongiorno, signori, abbiamo fortuna oggi! |
| *Remo Siepi* | Perché, Pippo, hai vinto al **lotto**[2]? |
| *Pippo Caraffa* | No, volevamo andare a casa vostra e invece vi incontriamo vicino alla Centrale! |
| *Remo Siepi* | Siamo stati in vacanza e torniamo proprio in questo momento! Perché ci cercate? |
| *Sara Corelli* | La polizia ha trovato a Milano un camion pieno di sigarette. Voi ne sapete niente? |
| *Remo Siepi* | Parlate di un camion di sigarette? Io non fumo! |
| *Gino Pausini* | Io invece fumo … dove sono queste sigarette? |
| *Sara Corelli* | Voi lo sapete meglio di noi. Le avete portate |

---

[1] **contrabbandiere:** chi fa commercio illegale di qualcosa. *Es: Quell'uomo è un contrabbandiere: trasporta e vende prodotti illegali.*

[2] **lotto:** gioco con i numeri, simile al Bingo. Es: *Ho giocato e ho vinto 10.000 euro al lotto!*

*Note*

|  | a Milano ieri mattina con il camion! |
| *Remo Siepi* | Ieri mattina? Noi siamo stati in vacanza per tutta la settimana! |
| *Sara Corelli* | Dove siete stati in vacanza? |
| *Remo Siepi* | Sull'isola di Lampedusa! |

**2.** I quattro ora sono davanti alla casa di Siepi e Pausini.

| *Gino Pausini* | La nostra **cassetta delle lettere**[1] è piena di giornali… è perché siamo stati tutta la settimana fuori! |
| *Pippo Caraffa* | Signori, possiamo visitare le vostre camere da letto? |
| *Gino Pausini* | Con… piacere. Volete anche il caffè? |
| *Sara Corelli* | No, grazie, non abbiamo molto tempo! |

Pippo Caraffa entra nella camera da letto di Remo Siepi.

| *Pippo Caraffa* | Qua dentro fa molto caldo! |
| *Remo Siepi* | Purtroppo prima di partire abbiamo dimenticato il riscaldamento acceso! |
| *Pippo Caraffa* | Remo, vedo che ti piace il tè alla menta! |
| *Remo Siepi* | È il mio tè preferito! |
| *Pippo Caraffa* | Ne hai bevuto molto, prima di partire? |
| *Remo Siepi* | Sì, il tè mi piace molto. Scusate se la mia stanza è in disordine… ma prima di partire ho |

---

[1] **cassetta delle lettere:**

**Note**

dimenticato sul tavolo le **bustine**[1] usate del tè!

**Pippo Caraffa**  Sì, vedo… Sono ancora bagnate.

**3.** Anche la stanza di Gino Pausini è ben riscaldata, ma in ordine. Sul **termosifone**[2] acceso, c'è un bel vaso pieno d'acqua con delle rose.

**Pippo Caraffa**  Gino, anche la tua stanza è ben riscaldata!

**Gino Pausini**  A me piace stare caldo!

**Pippo Caraffa**  Stai tranquillo. Anche la prigione è ben riscaldata!

**Gino Pausini**  Non capisco cosa vuoi dire…

**Pippo Caraffa**  Hai capito benissimo, Gino. Non vuoi proprio dirci niente di questo camion di sigarette?

**Gino Pausini**  Ho detto che fumo e… mi piacerebbe proprio sapere dove sono queste sigarette!

**Sara Corelli**  Signor Pausini, vedo che a Lei piacciono le rose!

**Gino Pausini**  Sì, commissaria.

**Sara Corelli**  Peccato, però… Sono tutte **appassite**[3]…

**Gino Pausini**  È vero. Ma se ritorna, troverà un bel mazzo di rose tutte per Lei!

---

[1] **bustine:**

[2] **termosifone:**

[3] **appassite:** secche, non più fresche. *Es: Ho dimenticato di dare l'acqua alle rose, così sono appassite.*

| | |
|---|---|
| *Sara Corelli* | Lei è molto gentile! |
| *Pippo Caraffa* | Signori, non ci avete ancora dato informazioni sul camion di sigarette … |
| *Gino Pausini* | Abbiamo detto tutto, Pippo! |
| *Pippo Caraffa* | Tutto? Uno di voi **ha mentito**[1] e dovrà fare una passeggiata con noi fino alla Centrale! |

**4.** Pippo Caraffa sussurra una frase all'orecchio di Sara Corelli.

| | |
|---|---|
| *Sara Corelli* | Oh, bravissimo Pippo, è vero! Come premio ecco il mio regalo per te! |
| *Pippo Caraffa* | Che cosa mi regala oggi, commissaria? |
| *Sara Corelli* | Una scatola di vitamine. Per una maggiore concentrazione, Pippo! |
| *Pippo Caraffa* | Ho proprio bisogno di tanta energia? Allora ho sbagliato qualcosa! |

Sara Corelli sussurra una frase all'orecchio di Pippo Caraffa.

| | |
|---|---|
| *Pippo Caraffa* | È vero, commissaria! Non ci avevo pensato! Grazie mille! |

**Chi ha mentito secondo Sara Corelli?**

---

[1] **ha mentito** (mentire): dire una cosa non vera. *Es: Luca ha mentito anche questa volta: è proprio un bugiardo!*

*Note*

# Vuoi un aiuto per trovare la soluzione?

*a. Collega le domande alle risposte.*

| | |
|---|---|
| 1. Quanto tempo sono stati in vacanza Remo Siepi e Gino Pausini? | a. Remo Siepi. |
| 2. Chi ha dimenticato le bustine di tè sul tavolo? | b. Gino Pausini. |
| 3. Come erano le bustine? | c. Vuoto. |
| 4. Come dovevano essere le bustine dopo sette giorni? | d. Ancora bagnate. |
| 5. Chi aveva un vaso di rose sul termosifone? | e. Pieno d'acqua. |
| 6. Com'era il vaso? | f. Una settimana. |
| 7. Come doveva essere il vaso dopo una settimana? | g. Asciutte, non bagnate. |

*b. C'è qualcosa di strano. I due dicono che sono stati in vacanza sull'isola di Lampedusa per una _____ . Ma dopo 7 giorni, con la temperatura molto calda della stanza, le bustine di tè dimenticate sul tavolo non potevano essere ancora _____ !*

*c. Anche Gino Pausini ha dimenticato il vaso di fiori sul _____ acceso. Il vaso però è ancora pieno d'_____ . Ma dopo una settimana, il vaso doveva essere _____ !*

# 8. L'assicurazione non paga

## Personaggi
*Sara Corelli & Pippo Caraffa*
*Sonia Cattani - una vecchia signora*
*Bianca Sanzio - amica di Sonia Cattani*

**1.** Sara e Pippo ricevono alla Centrale di Villanea la visita della signora Sonia Cattani e della sua amica Bianca Sanzio.

| | |
|---|---|
| *Sonia Cattani* | Commissaria, due ladri sono entrati in casa mia! |
| *Sara Corelli* | A che ora, signora? |
| *Sonia Cattani* | Stamattina alle nove. |
| *Sara Corelli* | Le hanno fatto del male? |
| *Sonia Cattani* | Mi hanno messo il **cloroformio**[1] sotto il naso! |
| *Sara Corelli* | Si è addormentata subito? |
| *Sonia Cattani* | Sì e mi sono svegliata dopo due ore! |
| *Sara Corelli* | Cosa Le hanno rubato? |
| *Sonia Cattani* | L'orologio d'oro di Cartier, una collana, dei soldi… |
| *Sara Corelli* | Prepari una lista, signora! |
| *Sonia Cattani* | L'**assicurazione**[2] non sarà sicuramente contenta di questa lista... |

[1] **cloroformio:** sostanza che si usa per addormentare, sonnifero. *Es: I medici mi hanno addormentato con il cloroformio.*

[2] **assicurazione:** società che paga chi riceve un danno (fisico o economico). *Es: L'assicurazione mi ha pagato per l'incidente.*

*Note*

| | |
|---|---|
| *Pippo Caraffa* | Signora Sanzio, hanno rapinato anche Lei? |
| *Bianca Sanzio* | No, io avevo solo un appuntamento con Sonia. |
| *Pippo Caraffa* | Dove? |
| *Bianca Sanzio* | A casa sua, stamattina alle dieci. |
| *Pippo Caraffa* | Lei abita qui a Villanea? |
| *Bianca Sanzio* | No, ma sono arrivata **in anticipo**[1] di mezz'ora! |
| *Pippo Caraffa* | Lei sapeva dov'era la signora Cattani? |
| *Bianca Sanzio* | No, ma appena sono arrivata, lei mi ha chiamato. |
| *Pippo Caraffa* | Che cosa Le ha detto? |
| *Bianca Sanzio* | Mi ha detto di telefonare a voi alla Centrale. |
| *Pippo Caraffa* | Signora Cattani, quanti euro pagherà l'assicurazione? |
| *Sonia Cattani* | Circa centomila euro. Ma i soldi non sono importanti per me, l'importante è star bene! |
| *Pippo Caraffa* | Centomila euro non sono importanti per Lei? Peccato che l'assicurazione non pagherà niente! |
| *Sonia Cattani* | Niente? Perché? |

**2.** Pippo Caraffa sussurra una frase all'orecchio di Sara Corelli.

| | |
|---|---|
| *Sara Corelli* | Oh, bravissimo Pippo, è vero! Come premio ecco il mio regalo per te: una tazza per il |

---

[1] **in anticipo:** prima. *Es: Tu arrivi sempre in ritardo agli appuntamenti, a me invece piace arrivare in anticipo.*

**Note**

caffè espresso, così non userai più... la mia!

*Pippo Caraffa*  Una tazza per il caffè? Eccellente, commissaria, grazie mille!

**Perché l'assicurazione non pagherà niente?**

# Vuoi un aiuto per trovare la soluzione?

*a. Rispondi alle domande.*

1. I banditi sono entrati e hanno addormentato Sonia Cattani con il cloroformio sotto il naso. A che ora? _____
2. Sonia Cattani dice che si è svegliata due ore dopo. A che ora? _____ .
3. Bianca Sanzio ha un appuntamento con Sonia Cattani alle ore dieci, ma arriva in anticipo di mezz'ora. A che ora arriva esattamente Bianca Sanzio? _____ .
4. Sonia Cattani sente arrivare Bianca Sanzio e la chiama. A che ora? _____ .

*b. C'è qualcosa di strano: Sonia Cassani dice che ha dormito per _____ ore, vuol dire che si è svegliata alle _____ . Però ha chiamato Bianca Sanzio alle _____ . È possibile? _____ .*

# 9. Le due segretarie

## Personaggi
*Sara Corelli & Pippo Caraffa*
*Tania Berretti - una segretaria*
*Sibilla Simoni - una segretaria*

**1.** Manlio Colonna, direttore dell'ufficio delle tasse di Villanea, è morto. È seduto nella sua stanza, con la testa sul tavolo. Omicidio o suicidio? Sara Corelli e Pippo Caraffa parlano con le sue due segretarie.

| | |
|---|---|
| *Sara Corelli* | A che ora è successo il fatto? |
| *Tania Berretti* | Alle quattro e cinque di pomeriggio. |
| *Sara Corelli* | Il direttore vi ha detto qualcosa, prima di morire? |
| *Tania Berretti* | Ci ha detto di andare a prendere il caffè. |
| *Sara Corelli* | Voi due di solito a quell'ora siete in pausa? |
| *Tania Berretti* | Alle 16.00 abbiamo una pausa di dieci minuti. |
| *Sara Corelli* | Avete visto delle persone sospette in giro? |
| *Tania Berretti* | No, ma abbiamo sentito il colpo di pistola e siamo subito ritornate nell'ufficio del direttore. |
| *Sibilla Simoni* | Lo abbiamo trovato con la pistola stretta nella mano sinistra! |
| *Pippo Caraffa* | Morto **sul colpo**[1], naturalmente! |

[1] **sul colpo:** subito, immediatamente. *Es: L'assassino ha sparato e l'uomo è morto sul colpo.*

| | |
|---|---|
| *Sibilla Simoni* | Pippo, un uomo che si spara in testa, resta vivo? È stato un brutto suicidio! |
| *Tania Beretti* | Nella destra teneva ancora la sua penna. Ha scritto una bella lettera alla moglie e poi si è sparato! Ah, perché non lo abbiamo aiutato? |
| *Pippo Caraffa* | Non si può aiutare tutti nella vita! |
| *Tania Berretti* | Forse lo potevamo salvare! |
| *Sibilla Simoni* | Ora siamo rimaste **disoccupate**[1]. Pippo, hai bisogno di due segretarie? |
| *Pippo Caraffa* | Un posto per due belle segretarie, noi lo abbiamo. |
| *Sibilla Simoni* | Un posto per noi? Dove, Pippo? |
| *Pippo Caraffa* | Alla Centrale! Lì vi aspettano a braccia aperte! |
| *Tania Berretti* | Perché, cosa abbiamo fatto? |

**2.** Pippo Caraffa sussurra una frase all'orecchio di Sara Corelli

| | |
|---|---|
| *Sara Corelli* | Oh, bravissimo Pippo, è vero! Come premio ecco il mio regalo per te: una bella penna nuova, così potrai scrivere delle bellissime lettere a tua moglie! |
| *Pippo Caraffa* | A mia moglie? Ma io non sono sposato! |
| *Sara Corelli* | Ah, è vero… Allora le scriverai a me! |
| *Pippo Caraffa* | Eccellente idea, commissaria, grazie mille! |

**Che cosa ha scoperto Pippo Caraffa?**

---

[1] **disoccupate:** senza lavoro. *Es: Mara e Anna hanno perso il lavoro e ora sono disoccupate.*

*Note*

# Vuoi un aiuto per trovare la soluzione?

*a. Rispondi alle seguenti domande*

1. Che cosa teneva il direttore nella mano sinistra?
2. Che cosa teneva nella mano destra?
3. Che cosa ha fatto prima di spararsi?
4. Che mano si usa di solito per scrivere?

a. Una penna.

b. La destra.

c. La pistola.

d. Ha scritto una lettera alla moglie.

*b. C'è qualcosa di strano. Il direttore ha la pistola nella mano _____ e la penna nella mano _____. Ma se una persona usa abitualmente la mano _____ per scrivere, che mano usa per sparare? Ancora la _____.*

# 10. La caccia

**Personaggi**
*Sara Corelli & Pippo Caraffa*
*Marco Miceli -* **cacciatore**[1] *del gruppo 1*
*Antonia Sacco - cacciatrice del gruppo 1*
*Franco Tofani - cacciatore del gruppo 2*
*Maria Pinelli - cacciatrice del gruppo 2*

**1.** Questa mattina presto Pino Del Piave è andato a caccia con due amici e due amiche nel bosco di Villanea. Alle ore undici Sara e Pippo trovano il suo cadavere immerso nel sangue.

| | |
|---|---|
| *Marco Miceli* | Commissaria, appena hanno visto una **lepre**[2] Maria e Franco hanno subito sparato! |
| *Sara Corelli* | L'hanno colpita? |
| *Marco Miceli* | Maria ha colpito la lepre e Franco il povero Pino. |
| *Pippo Caraffa* | Dov'era il signor Del Piave quando i due hanno sparato? |
| *Antonia Sacco* | Dove lo avete trovato voi. |
| *Pippo Caraffa* | E Maria e Franco? |
| *Antonia Sacco* | Anche loro erano qui. |
| *Pippo Caraffa* | Povero Del Piave, lo hanno colpito in testa! |

[1] cacciatore:     [2] lepre:

**2.** Sara e Pippo ascoltano Maria Pinelli e Franco Tofani.

| | |
|---|---|
| *Pippo Caraffa* | Dov'era Marco Miceli quando ha sparato? |
| *Maria Pinelli* | Qui, in **pianura**[1]. |
| *Pippo Caraffa* | E Antonia Sacco? |
| *Maria Pinelli* | Non mi ricordo esattamente! |
| *Sara Corelli* | Avete sparato tutti insieme? |
| *Franco Tofani* | Sì, ma contro la lepre! |
| *Sara Corelli* | Ma il signor Miceli dice che è stato Lei, signor Tofani, a colpire il signor Del Piave. |
| *Franco Tofani* | Non è possibile, perché abbiamo sparato tutti insieme! |
| *Pippo Caraffa* | Povero Pino, il **proiettile**[2] gli è uscito dal cuore! |

**3.** Sara Corelli e Pippo Caraffa fanno altre domande.

| | |
|---|---|
| *Pippo Caraffa* | Avete sparato contro Pino o contro la lepre? |
| *Antonia Sacco* | Io ero da sola e non ho visto niente. |
| *Pippo Caraffa* | E dove sei andata? |
| *Antonia Sacco* | Lassù, sulla **collina**[3], per guardare il panorama! |
| *Sara Corelli* | Signori, uno di voi quattro è l'assassino e io so chi è! |

---

[1] **pianura:**

[3] **collina:**

[2] **proiettile:**

**4.** Sara Corelli sussurra una frase all'orecchio di Pippo Caraffa.

| | |
|---|---|
| *Pippo Caraffa* | Oh, bravissima commissaria, è vero! Come premio ecco il mio regalo per Lei: delle belle scarpe per passeggiare nel bosco! |
| *Sara Corelli* | E senza sparare agli animali… Eccellente idea, Pippo, grazie mille! |

**Chi ha ucciso Pino Del Piave secondo Sara Corelli?**

# Vuoi un aiuto per trovare la soluzione?

*a. Collega le domande alle risposte.*

| | |
|---|---|
| 1. Da dove è entrato il proiettile? | a. Sulla collina. |
| 2. Da dove è uscito il proiettile? | b. Dalla testa. |
| 3. Dov'era Antonia Sacco? | c. Dal cuore. |
| 4. Dov'erano gli altri cacciatori? | d. Dall'alto verso il basso. |
| 5. Da dove è stato sparato il proiettile? | e. In pianura. |

*b. Pino Del Piave è stato ucciso con un proiettile sparato dall'alto verso il basso. Chi poteva sparare da quella posizione?* _____.

*Note*

# ESERCIZI

# 1. Un cadavere per regalo

**1. Collega le parole di sinistra con quelle di destra e completa le espressioni.**

| | |
|---|---|
| 1. Pronto, | a. grazie. |
| 2. Ciao, | b. chi parla? |
| 3. Bene, | c. non c'è di che. |
| 4. Prego, | d. mille. |
| 5. Grazie | e. come stai? |

**2. Forma 3 gruppi di 3 parole vicine tra loro.**

**a.** avvocato, **b.** data, **c.** cena, **d.** agenda, **e.** appuntamento, **f.** ristorante, **g.** notaio, **h.** testamento, **i.** pizzeria.

**3. Completa il dialogo con le preposizioni della lista.**

*dal - dell' - dal - di - dal - per - per - a - alla - di*

*Pippo Caraffa*   Avete cenato _____ spese _____ associazione?

*Rino Tristano*   No, questa volta ha pagato l'avvocato Fantini.

*Pippo Caraffa*   E cosa vi ha detto _____ particolare?

*Sandro Masoni*   L'avvocato ha detto, che voleva andare

_____ notaio.

*Pippo Caraffa*   _____ notaio? _____ fare che cosa?

*Sandro Masoni*   _____ fare il testamento.

*Sara Corelli*   Ma l'avvocato Fantini non arriverà mai

_____ notaio.

*Pippo Caraffa*   Si è fermato _____ prima pompa _____

benzina!

## 2. Azzurro

**1. Antonimi - Collega i contrari.**

| | |
|---|---|
| 1. lungo | a. luce |
| 2. caro | b. vivo |
| 3. buio | c. inutile |
| 4. morto | d. corto |
| 5. utile | e. economico |

**2. Forma 2 gruppi di parole vicine tra loro.**

**a.** buio, **b.** corto circuito, **c.** farsi il bagno, **d.** sapone, **e.** lavarsi, **f.** luce. **g.** vasca.

**3. Inserisci le parole a destra nelle frasi a sinistra, come nell'esempio.**

| | | |
|---|---|---|
| *P. Caraffa* | Diego profumi molto cari! | **usava** |
| *A. Pollini* | Pippo, profumi sono miei, non di Diego! | **i** |
| *R. Pilato* | Diego poco anche il sapone! | **usava** |
| *A. Pollini* | Come, Pippo! | **te** |
| *R. Pilato* | Il poverino è morto si lavava! | **mentre** |
| *A. Pollini* | Sì, si faceva il bagno e cantava! | **mentre** |

# 3. L'eredità

## 1. Ricostruisci una battuta di Sara Corelli. Rimetti nel giusto ordine le parole.

| Oh, bravissima commissaria, ... | Oh, bravissima commissaria, - espresso - regalo - in ufficio domani! - Come premio - di caffè - ecco il mio - è vero! - mezzo chilo - per Lei: - da portare |
|---|---|

## 2. Forma 2 gruppi di 4 parole vicine tra loro.

**a.** dormire, **b.** bere, **c.** caffè, **d.** letto, **e.** svegliare, **f.** tazza. **g.** tè, **h.** addormentato.

## 3. Completa il dialogo con i verbi al passato prossimo o all'imperfetto.

*Sara Corelli*   Che abitudini *(avere)* _____ il barone?

*Rocco Toldi*   La mattina *(leggere)* _____ i giornali, *(bere)* _____ il tè o il caffè... e poi *(andare)* _____ in ufficio!

*Sara Corelli*   Signora Baldini, a che ora *(vedere)* _____ Lei il barone l'ultima volta?

*Cinzia Baldini*  Stamattina alle otto, mentre *(dormire)* _____.

*Sara Corelli*   E lo *(svegliare)* _____?

*Cinzia Baldini*  Sì, come tutte le mattine, gli ho *(portare)* _____ i giornali.

# 4. Il fuggitivo

## 1. Completa il dialogo con le parole della lista.

*a - al - appena - dalla - in - per - sul*

| | |
|---|---|
| *L. Strappi* | Buongiorno, Pippo, sei qui _____ fiume per imparare _____ pescare? |
| *P. Caraffa* | Ciao, Luigi, hai visto _____ caso passare Dario Pelli? |
| *L. Strappi* | Dario Pelli? Ho letto _____ giornale che è _____ prigione! |
| *P. Caraffa* | No, è _____ scappato _____ prigione e ora dovrebbe essere qui vicino. |

## 2. Completa con il passato prossimo o l'imperfetto.

| | |
|---|---|
| *Pippo Caraffa* | Nessuno di voi due lo *(vedere)* _____ passare di qui? |
| *Sara Corelli* | È un uomo alto 1 metro e 80, ha capelli neri, baffi… |
| *Rico Masti* | Allora è lo stesso che un'ora fa *(correre)* _____ verso nord su una Vespa! |
| *Luigi Strappi* | Io l' *(vedere)* _____ mentre *(correre)* _____ verso sud! |
| *Sara Corelli* | Signori: quell'uomo, *(correre)* _____ verso nord o verso sud? |
| *Rico Masti* | *(correre)* _____ a 90 chilometri all'ora.. |
| *Sara Corelli* | Su questa strada? |
| *Rico Masti* | Sì, e dopo cinque minuti di corsa, *(girare)* _____ verso nord! |

# 5. Stanza numero 201

## 1. Antonimi - Collega i contrari.

|               |                 |
|---------------|-----------------|
| 1. migliore   | a. apertura     |
| 2. gratis     | b. magro        |
| 3. chiusura   | c. luce         |
| 4. buio       | d. a pagamento  |
| 5. grasso     | e. peggiore     |

## 2. Trova e correggi l'errore nella battuta di Sara Corelli.

*Sara Corelli*    Lei, Gianni Noldi, ha sparata nella gioielleria di via Rio numero 37.

## 3. Completa il dialogo con i verbi.

*S. Corelli*    Ieri sera, prima della chiusura del negozio...

*P. Caraffa*    ...voi due *(aspettare)* _____ al buio.

*S. Corelli*    Lei, Siro, *(essere)* _____ davanti al numero 38 di via Rio.

*S. Meneghini* Sì, è vero. *(Aspettare)* _____ mia moglie col mio bambino!

*P. Caraffa*    Ma *(tu-essere)* _____ già padre?

*S. Meneghini* *(Essere)* _____ padre di un bambino... un bravo padre di famiglia!

*S. Corelli*    Lei, Gianni Noldi, *(essere)* _____ al numero 35 della stessa via!

*G. Noldi*    *(Aspettare)* _____ la mia ragazza, *(chiamarsi)* _____ Giuseppina Orsi.

*S. Corelli*    Poi uno di voi *(sparare)* _____ mentre Nuzzi *(stare)* _____ aprendo la porta del negozio per uscire!

# 6. Vacanze in Sudamerica

## 1. Antonimi - Collega ai contrari.

| | | | |
|---|---|---|---|
| 1. puzza | | a. | per fortuna |
| 2. estate | | b. | sincero |
| 3. purtroppo | | c. | economico |
| 4. caro | | d. | profumo |
| 5. bugiardo | | e. | inverno |

## 2. Trova e correggi l'errore nel dialogo.

*Sara Corelli*      Lei è molto abbronzato, signor Rioni, dov'è stato in vacanza?

*Tommaso Rioni*  Io vado mai in vacanza, io lavoro sempre!

## 3. Inserisci le parole a destra nelle frasi a sinistra, come nell'esempio.

| | | |
|---|---|---|
| *Carlo* | Avete un premio! | ***vinto*** |
| *P. Caraffa* | Che abbiamo vinto? | **premio** |
| *Carlo* | La specialità estate! | **dell'** |
| *P. Caraffa* | Come si chiama specialità? | **questa** |
| *Carlo* | Peperoni griglia "La gondola"! | **alla** |
| *P. Caraffa* | Ci regalate due piatti questi peperoni? | **di** |
| *Carlo* | Sì Pippo, il nostro premio. | **è** |
| *S. Corelli* | Siete gentili, ma dobbiamo continuare il nostro lavoro. | **molto** |

# 7. I contrabbandieri

## 1. Antonimi - Scrivi il contrario di queste parole.

a. fortuna _____    e. caldo _____

b. pieno _____    f. acceso _____

c. vincere _____    g. bagnato _____

d. davanti _____    h. appassito _____

## 2. Ricostruisci il testo. Rimetti nel giusto ordine le parole.

| Sara e Pippo... | a casa dei - informazioni su - Remo Siepi e Gino Pausini - vanno - due contrabbandieri - per chiedere - di sigarette di contrabbando, - trovato dalla |
| --- | --- |
| *a Milano.* | - un camion, pieno - polizia |

## 3. Completa il dialogo con i pronomi della lista.

*ci - io - io - lo - le - ne - vi*

*Pippo Caraffa*   No, volevamo andare a casa vostra e invece ___ incontriamo vicino alla Centrale!

*Remo Siepi*   Siamo stati in vacanza e torniamo proprio in questo momento! Perché ___ cercate?

*Sara Corelli*   La polizia ha trovato a Milano un camion pieno di sigarette. Voi ___ sapete niente?

*Remo Siepi*   Parlate di un camion di sigarette? ___ non fumo!

*Gino Pausini*   ___ invece fumo…dove sono queste sigarette?

*Sara Corelli*   Voi ___ sapete meglio di noi. ___ avete portate a Milano ieri mattina con il camion!

# 8. L'assicurazione non paga

## 1. Trova la parola non adatta.
**a.** tazza, **b.** rubare, **c.** rapinare, **g.** ladro, **e.** soldi.

## 2. Riscrivi il dialogo usando al forma di cortesia (Lei).

| | |
|---|---|
| *Sonia C.* | Commissaria, due ladri sono entrati in casa mia! |
| *Sara C.* | A che ora, signora? |
| *Sonia C.* | Stamattina alle nove. |
| *Sara C.* | Ti hanno fatto del male? |
| *Sonia C.* | Mi hanno messo il cloroformio sotto il naso! |
| *Sara C.* | Ti sei addormentata subito? |
| *Sonia C.* | Sì e mi sono svegliata dopo due ore! |
| *Sara C.* | Cosa ti hanno rubato? |
| *Sonia C.* | L'orologio d'oro di Cartier, una collana, dei soldi. |
| *Sara C.* | Prepara una lista, signora! |

## 3. Inserisci le parole a destra nelle frasi a sinistra, come nell'esempio.

| | | |
|---|---|---|
| *Pippo C.* | Lei abita a Villanea? | *qui* |
| *Bianca S.* | No, ma sono arrivata in di mezz'ora! | **anticipo** |
| *Pippo C.* | Lei dov'era la signora Cattani? | **sapeva** |
| *Bianca S.* | No, ma sono arrivata, lei mi ha chiamato. | **appena** |
| *Pippo C.* | Che cosa ha detto? | **Le** |
| *Bianca S.* | Mi ha detto di telefonare voi alla Centrale. | **a** |

# 9. Le due segretarie

**1. Collega le parole di destra con quelle di sinistra e completa le espressioni.**

| | |
|---|---|
| 1. persona | a. disoccupato |
| 2. morto | b. di pistola |
| 3. colpo | c. aperte |
| 4. rimanere | d. sospetta |
| 5. a braccia | e. sul colpo |

**2. Completa il dialogo con i pronomi negli spazi ____ e con le preposizioni negli spazi _ _ _ .**

| | |
|---|---|
| *Sibilla Simoni* | ____ abbiamo trovato _ _ _ la pistola stretta nella mano sinistra! |
| *Pippo Caraffa* | Morto _ _ _ colpo, naturalmente! |
| *Sibilla Simoni* | Pippo, un uomo che ____ spara _ _ _ testa, resta vivo? È stato un brutto suicidio! |
| *Tania Beretti* | _ _ _ destra teneva ancora la sua penna. Ha scritto una bella lettera _ _ _ moglie e poi ____ è sparato! Ah, perché non ____ abbiamo aiutato? |
| *Pippo Caraffa* | Non ____ può aiutare tutti _ _ _ vita! |
| *Tania Berretti* | Forse ____ potevamo salvare! |
| *Sibilla Simoni* | Ora siamo rimaste disoccupate. Pippo, hai bisogno _ _ _ due segretarie? |
| *Pippo Caraffa* | Un posto _ _ _ due belle segretarie, noi ____ abbiamo. |

# 10. La caccia

## 1. Antonimi - Collega i contrari.

1. qui
2. pianura
3. insieme
4. ricordare
5. entrare

a. dimenticare
b. lì
c. collina
d. da solo
e. uscire

## 2. Trova e correggi l'errore nel dialogo.

*Pippo Caraffa*   Avete sparato contro Pino o contro la lepre?

*Antonia Sacco*   Io ero da sola e non è visto niente.

*Pippo Caraffa*   E dove sei andata?

*Antonia Sacco*   Lassù, sulla collina, per guardare il panorama!

## 3. Completa il dialogo con i verbi al passato prossimo o all'imperfetto.

*Marco Miceli*   Commissaria, appena *(vedere)*
_____ una lepre Maria e Franco
*(sparare)* _____ subito _____!

*Sara Corelli*   L'*(colpire)* _____?

*Marco Miceli*   Maria *(colpire)* _____ la lepre
e Franco il povero Pino.

*Pippo Caraffa*   Dov'*(essere)* _____ il signor
Del Piave quando i due *(sparare)*
_____?

*Antonia Sacco*   Dove lo *(trovare)* _____ voi.

*Pippo Caraffa*   E Maria e Franco?

*Antonia Sacco*   Anche loro *(essere)* _____ qui.

# Soluzioni

### 1. Un cadavere per regalo

**Esercizi per la soluzione del caso: a.** 1b, 2d, 3a, 4c. **b.** mancino, Rino Tristano.

**Soluzione del caso:** Dario Fantini è stato ucciso con tre coltellate al fianco sinistro. L'assassino è arrivato da dietro e ha usato la mano sinistra. Dunque l'assassino è mancino. Tra i due sospettati, il mancino si chiama Rino Tristano.

**Soluzione degli esercizi: 1.** 1b, 2e, 3a, 4c, 5d. **2.** *gruppo 1:* a, g, h. *gruppo 2:* b, d, e. *gruppo 3:* c, f, i. **3.** a, dell', di, dal, Dal, Per, Per, dal, alla, di.

### 2. Azzurro

**Esercizi per la soluzione del caso: a.** 1d, 2b, 3a, 4c. **b.** rasoio elettrico, barba, giorni. No.

**Soluzione del caso:** Arianna Pollini ha dichiarato che Diego ha usato il rasoio elettrico mentre cantava la canzone *Azzurro* di Adriano Celentano. Riccardo Pilato ha detto che quando Diego ha finito di cantare hanno sentito un'esplosione. I due sostengono la tesi del corto circuito. La polizia ha però trovato Diego con la barba lunga di due giorni. Dunque Diego non ha usato il rasoio elettrico e i due hanno mentito.

**Soluzione degli esercizi: 1.** 1d, 2e, 3a, 4b, 5c. **2.** *gruppo 1:* a, b, f. *gruppo 2:* c, d, e, g. **3.** Pippo, **i** profumi; Diego **usava** poco; Come **te**; morto **mentre** si lavava; Sì, **mentre** si faceva il bagno.

### 3. L'eredità

**Esercizi per la soluzione del caso: a.** 1b, 2c, 3a, 4d. **b.** piccola, grande, tè, Rocco Toldi.
**Soluzione del caso:** Rocco Toldi dice che ha portato una tazza di tè al

barone e Daniele Visconti una tazza di caffè espresso. La tazza per il caffè espresso è più piccola della tazza da tè. Vicino al cadavere del barone c'è una tazza grande. Dunque prima di morire il barone ha bevuto una tazza di tè e l'assassino è Rocco Toldi.

**Soluzione degli esercizi: 1.** Oh, bravissima commissaria, è vero! Come premio ecco il mio regalo per Lei: mezzo chilo di caffè espresso da portare in ufficio domani! **2.** *gruppo 1:* a, d, e, h. *gruppo 2:* b, c, f, g. **3.** aveva, leggeva, beveva, andava, ha visto, dormiva, ha svegliato, ho portato.

## 4. Il fuggitivo

**Esercizi per la soluzione del caso: a.** 1b, 2c, 3d, 4a. **b.** 7,5, nord, No, non è possibile.

**Soluzione del caso:** Quel giorno la nebbia non permette di vedere a più di 3 metri di distanza. Luigi Strappi dice che il bandito è andato verso sud. Rico Masti dice che il bandito correva su una Vespa a 90 Km all'ora e che dopo 5 minuti di corsa ha girato verso nord. Ma se questo è vero, allora dopo 5 minuti a quella velocità il bandito doveva essere a 7,5 km di distanza. Dunque Rico Masti non poteva vederlo girare. Rico Masti ha mentito.

**Soluzione degli esercizi: 1.** al, a, per, sul, in, appena, dalla. **2.** ha visto, correva, ho visto, correva, correva, Correva, ha girato.

## 5. Stanza numero 201

**Esercizi per la soluzione del caso: a.** 38, **b.** Siro Meneghini.

**Soluzione del caso:** La gioielleria è in via Rio numero 37 (numero dispari). Il cadavere di Rino Nuzzi è stato trovato dentro il negozio, di fronte alla porta. Gianni Noldi era al numero 35 (numero dispari, una porta al lato sinistro della gioielleria). Siro Meneghini era al numero 38 (numero pari) che si trova esattamente di fronte alla gioielleria. Solo Siro poteva sparare da quella posizione.

**Soluzione degli esercizi: 1.** 1e, 2d, 3a, 4c, 5b. **2.** Lei, Gianni Noldi, ha ~~sparata~~ sparato nella gioielleria di via Rio numero 37. **3.** avete aspettato, era, Aspettavo, sei, Sono, era, Aspettavo, si chiama, ha sparato, stava.

## 6. Vacanze in Sudamerica

**Esercizi per la soluzione del caso: a.** 1c, 2e, 3a, 4b, 5d. **b.** In estate, In inverno, bagno, Cile.

**Soluzione del caso:** Siamo in estate (lo dice Carlo, il cameriere del ristorante "La gondola") nel mese di luglio (lo dice la commissaria Corelli), ma il signor Franco Tolomeo dice d'essere stato a Valparaíso, in Cile, per abbronzarsi e per fare il bagno nell'Oceano. Quando in Europa è estate, in Cile è inverno. Franco Tolomeo non poteva abbronzarsi a luglio (in inverno) sulla costa del Pacifico e non poteva fare il bagno tutti i giorni. Non è stato in Cile.

**Soluzione degli esercizi: 1.** 1d, 2e, 3a, 4c, 5b. **2.** Io **non** vado mai in vacanza, io lavoro sempre! 3. Che **premio**, **dell'**estate, **questa** specialità, **alla** griglia, **di** questi, **è** il nostro, Siete **molto** gentili.

## 7. I contrabbandieri

**Esercizi per la soluzione del caso: a.** 1f, 2a, 3d, 4g, 5b, 6e, 7c. **b.** settimana, bagnate. **c.** termosifone, acqua, vuoto.

**Soluzione del caso:** Secondo la commissaria tutti e due i contrabbandieri hanno mentito, non uno solo, come pensa Pippo. Remo Siepi ha dimenticato le bustine di tè sul tavolo lo stesso giorno, perché dopo una settimana, in una stanza con il riscaldamento acceso, dovevano essere asciutte e non bagnate!
Gino Pausini ha dimenticato il vaso di rose sul termosifone acceso. Il vaso è ancora pieno d'acqua, ma dopo una settimana sul termosifone acceso, non doveva esserci più acqua. Dunque i due non sono stati in vacanza una settimana, come hanno detto. Tutti e due hanno mentito.

**Soluzione degli esercizi: 1.** a. sfortuna, b. vuoto, c. perdere, d. dietro, e. freddo, f. spento, g. asciutto, h. fresco. **2.** *Sara e Pippo* vanno a casa dei due contrabbandieri Remo Siepi e Gino Pausini per chiedere informazioni su un camion, pieno di sigarette di contrabbando, trovato dalla polizia *a Milano*. **3.** vi, ci, ne, Io, Io, lo, Le.

## 8. L'assicurazione non paga

**Esercizi per la soluzione del caso: a.** 1. Alle 9; 2. Alle 11; 3. Alle 9 e 30. 4. Alle 9 e 30. **b.** 2, 11, 9 e 30, No, non è possibile (vedi soluzione qui sotto).

**Soluzione del caso:** Sonia Cattani dice che è stata addormentata col cloroformio alle ore nove e s'è svegliata due ore dopo, cioè verso le ore undici. Aveva un appuntamento con Bianca Sanzio alle ore dieci, che però è arrivata mezz'ora prima, cioè alle ore nove e trenta. A quell'ora Sonia doveva dormire ancora. Ma Bianca dice che appena è arrivata Sonia l'ha chiamata. Perciò Sonia non ha dormito fino alle 11, come ha detto alla polizia, e il racconto delle due donne non è vero.

**Soluzione degli esercizi: 1.** a. **2.** vedi il dialogo originale a pag. 38. **3.** in **anticipo**, Lei **sapeva**, ma **appena** sono, **Le** ha detto, **a** voi.

## 9. Le due segretarie

**Esercizi per la soluzione del caso: a.** 1c, 2a, 3d, 4b. **b.** sinistra, destra, destra, destra.

**Soluzione del caso:** Il direttore è stato trovato dalle due segretarie con la pistola nella mano sinistra e la penna nella mano destra. Ma se una persona usa abitualmente la mano destra per scrivere, molto probabilmente userà la mano destra anche per sparare. Il direttore dunque non si è suicidato (non poteva spararsi con la mano sinistra) ma qualcuno, dopo averlo ucciso (le due segretarie?), gli ha messo in mano la pistola. Le due segretarie, che dicono di essere entrate nel suo ufficio subito dopo aver sentito il colpo di pistola, hanno mentito.

**Soluzione degli esercizi: 1.** 1d, 2e, 3b, 4a, 5c. **2.** Lo, con, sul, si, in, Nella, alla, si, lo, si, nella, lo, di, per, lo

## 10. La caccia
**Esercizi per la soluzione del caso: a.** 1b, 2c, 3a, 4e, 5d. **b.** Antonia Sacco.

**Soluzione del caso:** Il proiettile che ha ucciso Pino Del Piave è entrato dalla testa ed è uscito dal cuore. Quindi è stato sparato dall'alto verso il basso. L'unica persona che poteva sparare da quella posizione era Antonia Sacco, che era andata sulla collina.

**Soluzione degli esercizi: 1.** 1b, 2c, 3d, 4a, 5e. **2.** Io ero da sola e non è ho visto niente. **3.** hanno visto, hanno … sparato, hanno colpita, ha colpito, era, hanno sparato, avete trovato, erano.

# L'autore

**Saro Marretta** - È nato a Ribera (Agrigento) e vive a Berna (CH). Laurea in lingue e abilitazione all'insegnamento (Gymnasiallehrerpatent) nelle scuole superiori all'università di Berna. Ha pubblicato anche con lo pseudonimo di Saraccio.

**Alcune opere** - *Oliven wachsen nicht im Norden*, Benteli, Berna, 1980; *Piccoli italiani in Svizzera*, Francke, Berna (3. edizione, 1980), *Agli* (in 4 lingue), Erpf, Berna (4. edizione in CD, 1991), *Das Spaghettibuch* con disegni di Scapa, Benteli, Berna (7. edizione, 1998) e ibidem nell'edizione tascabile Goldmann, Monaco di Baviera. *Pronto, Commissario?* Klett, Stoccarda (3. edizione, 2002), *Elementare, commissario* Klett, Stoccarda (2. edizione, 2002) e *Ciao Sicilia, ciao Berna* (antologia di scrittori svizzeri in italiano e tedesco, Editore M. Lombardo, Agrigento, 2004) con presentazione di Andrea Camilleri e *Der Tod kennt keine Grenzen (La morte non conosce confini) in duo con D. Himmelberger*, Pendragon, Bielefeld (Germania), 2006.

## Collana "Italiano facile"

### 4° livello - 2000 parole

Nove brevi racconti sull'amore, tutti con un finale a sorpresa. Storie romantiche, passionali, divertenti, tragiche, sorprendenti, come solo l'amore sa essere.

Un giallo ironico e appassionante ambientato nel mondo dell'opera e della buona cucina, tra Milano, Venezia e Napoli, con protagonista il simpatico detective Antonio Esposito.

**ALMA EDIZIONI**
viale dei Cadorna, 44 - 50129 Firenze - Italia
tel +39 055476644 - fax +39 055473531
info@almaedizioni.it - www.almaedizioni.it